EDITION BELLETRISTIK

# ~~Hors Texte~~

**ODILE KENNEL**

**Quartheft 72** | **Edition Belletristik**
1. Auflage
ISBN 978-3-945832-32-5


Chodowieckistraße 2, 10405 Berlin


www.verlagshaus-berlin.de

*GEDICHTE:* Odile Kennel
*ILLUSTRATIONEN:* Martina Liebig
*LEKTORAT:* Jo Frank
*GESTALTUNG & SATZ:* Dominik Ziller
*SCHRIFT:* Brandon Grotesque, Olivetti-Underwood, Charter
*BUCHDRUCK & -BINDUNG*: Druckerei Totem / Printed in Poland, 2019
*PAPIER*: 90 g/m² Amber Graphic / 250 g/m² Iceblink weiß

WEITERE TITEL VON ODILE KENNEL IM VERLAGSHAUS BERLIN:
*Körper: ein Handbuch.* / Gedichte: Ricardo Domeneck / Übersetzung: Odile Kennel
Edition Belletristik / ISBN 978-3-940249-66-1

Das Verlagshaus Berlin wurde 2018 mit dem Förderpreis des ersten Berliner Verlagspreises ausgezeichnet.

Alle Titel, die im Verlagshaus Berlin erscheinen, werden im Literaturarchiv Marbach, im Lyrik Kabinett München und in der Deutschen Nationalbibliothek archiviert.

# Hors Texte

ODILE KENNEL
MARTINA LIEBIG

## notes sur la lettre *K*

im Winter Schneewege
gehen, gegen Kälte
einen warmen Laib
Brot an den Leib
pressen, ihn preisen
kreisen um
Kalauer
Kleie
schwarze Kühe
Sonne umkreisen, bis
der Sehwinkel hinter die Häuser
versinkt, eine Sitzbank
suchen, um dieses Gedicht
das vielleicht keines ist, bei Licht
zu fixieren, aus den Hand-
schuhen raus, den Laib
vom Leib (oder umgekehrt).
Dieser Moment ist
belanglos, ist nicht
belastbar, dieser Moment
windet sich
widmet sich
einer Küste
Kommunismus
einem Knacklaut zwischen Vokalen.
Und fängt in anderen Sprachen das Wort
Herz nicht mit „K“ an?
Mein puckernder, puckernder

Muskel
Kör Kurassau Kuore
und in den unbeherrschten Sprachen
Kè Kalp Kalon Kardia
im Leib unterm
Laib, schneid
dir eine Scheibe ab sie
schmilzt dir zwischen den
Fingern der Schnee
die Kälte die Sitzbank
versinken hinter
den Häusern, der Laib
versinkt im Leib, dieser Moment
gesteht seine Tragweite, seine
Kragenweite, haftet
am Körper, Leib-
eigenschaft, ich sinke
auf eine unbe-
kannte Hand-
fläche

**Gedicht für einen, der beim Minigolfspielen**
**in Jerewan seinen Cousin aus Ägypten traf,**
**den er nicht kannte, und seitdem nicht mehr**
**an Zufall glaubt.** Auch nicht an Gott. Ich weiß nicht,
wie er sich das vorstellt. Weiß, dass wir uns trafen
auf einer Dachterrasse, die zufällig da war, wo
er war, wo ich war. Nachmittag. Liegestühle.
Kaffee. Über Wahrscheinlichkeitsrechnung
haben wir nicht gesprochen. Dafür über
Tonspuren, Stimmen, Verstummen. Vielleicht
lag es daran, dass wir über das Sterben sprachen,
das Sterben der anderen, über die Abwesenheit
von Körpern, oder dass ich sein Gesicht
in der Sonne studierte, diese Anwesenheit
hinter geschlossenen Lidern, Lippen,
die ich mir vorstellte mit einem ironischen
Lächeln, mit Eis, oder beim Küssen, ich dachte,
dieses Gesicht hätte ich gerne neben mir,
nach dem Sex. Das mit dem Zufall
ist ganz schön verzwickt. Mit Gott
fangen wir gar nicht erst an. Und Sex,
etwas anfangen, jemanden anlangen, Reime
machen es nicht einfacher, die Abfolge der Wörter
ist mir entfallen, die Wörter über die Balustrade
gekippt. Aber seinen Namen, ich spreche
seinen Namen aus in allen Sprachen,
Zauberspruch, Beschwörung, ohne Gott,
ohne Zufall, oder mit, wer kann das schon wissen.
*Le langage est une peau.* Es kann auch am Licht
gelegen haben, und wir schneiden uns

ein Ohr ab, oder flüsterübersetzen. Ich hab
diese Sprache vergessen.
Ich war nie in Jerewan

## l'intimité imminente m'intimide

(notes sur la lettre *I*)

need nid si ici parti
pris plis please lied
me nie lieber lieb me heat
lid between linnen find fließen sinn
silben von sinnen please hear
me hier innen split me into
pieces give friede mit befingern mit
lick me risque biss risk riss tickt
richtig mein trickster flippt easy please
please me bitte cling to my clit klingt
wie splittern wie bitte limite me mit
lippe in mitte mit stippen visite my
hipster hip sister tears tear me my
dear to the sea mich zieh mich
an mich aus ziel auf mich spiel
spiel spiel spill dich
in mich will dich will
fill will ring will rise will rire
dire deer into your ear my silly
me spins liquid sins spinnt
sinnt thinks insists
he she me
weeps lists sinks

## was D. dazu sagt

Nur das Unmögliche kommt an
In gewisser Weise meine Vorfreude oder mein Wartehorizont
Ich sehe nicht kommen. Was ich nicht tat
Ich habe keine Meisterschaft.
Name, ich muss entwaffnet werden.
Ich muss sein ohne Versicherung

*seul l'impossible arrive. Si ce qui arrive, l'arrivant, était*
*possible, il n'arriverait pas. Pour que quelqu'un arrive*
*il faut que ce quelqu'un arrive comme ce qui n'était pas*
*encore possible. La venue comme arrivée de l'imprévisib*
*le, de quelque chose qui arrive là où on ne l'attendait p*
*as. Pour qu'il y ait venue et évènement il faut que cela*
*excède en quelque sorte mon anticipation ou mon ho*
*rizon d'attente. L'à-venir c'est ce qui me surprend. Ce que*
*je ne vois pas venir. Ce dont je n'ai pas la maitrise. Ce do*
*nt qu'aucun Je peux n'est capable. D'où la faiblesse. De*
*vant un évènement digne de ce nom je dois être dés armé*
*e. Je dois être sans assurance. C'est l'exposition vulné*
*rable à la venue de l'autre. C'est l'improbable au sens de*
*ce qui ne peut pas être prouvé. Ce qui arrive désorganise*

## l'art de la table

deine Hände liegen
neben dem Teller, benutzen
Gabel und Messer, streichen
über das Tischtuch, wischen ein Wort
durch die Luft oder ruhen
auf deinen Schenkeln, wir essen
zu Abend mit anderen, und ich
hätte viel lieber deine Hände *au menu,*
zum *apéritif* an meinem Rücken
mit ein klein wenig zu viel Druck
für den Zufall, als *entrée* über dem T-Shirt
nach meinen Brustspitzen tastend, meiner
Haut unter dem Stoff, und während Wein
fließt, Gespräche lebhafter werden und der
*plat de résistance* serviert wird, geleite
ich deine Hände, lasse sie gleiten
über meinen Bauch, lasse sie Spitzen
fingern, Hintern finden, bis zu den Knien
sinken und sehr langsam, man soll nicht
zu schnell essen, an der Innenseite der Schenkel
wieder nach oben streifen, ich denke mir
dreizehn *desserts,* mit Zuckermelone,
Weintrauben, kandierten Maronen, schlemme,
schwelge, quelle über, das Essen ist köstlich,
sage ich, will jemand Kaffee,
fragt die Gastgeberin, ich schüttle den Kopf,
sage ja

## **weiterer Fall von Fall**

[notes sur la lettre *A*]

mit der Sprache taste ich mich
an die Kante heran, wo Körper
beginnt. Ein Wort zu viel, ich
falle. Falle in die Spalte
zwischen zwei Körpern, zwei
Wörtern, die Körper sind.
Die tasten, nach dem Erfasslichen.
Die trachten, den Abstand
auf Abstand zu halten. Asymptote
die nie anlangt oder als Tangente
beim Anfassen landet. Willst
alles verlangen: außer Bedacht.
Hastest. Schwankst. Halt an, Sprache
kann schlechtere Wahl sein, du zahlst
mit dem Körper für deine Worte, nimm
vorlieb mit Anwesenheit statt
Anziehungskraft zweier Massen.
Ach was, sage: lass
das Hadern, mach
mich an, leg mir
was nahe, ich kann
diesen Tanz nicht lassen, ich
wage, wage nicht
falle

*Asymptote,* altgr. ἀσύμπτωτος asýmptōtos „nicht übereinstimmend“;
von altgr. *πίπτω pípto* „ich falle“

**schreib doch mal was mit Erotik**
(j'ai cessé de contempler l'astre)

ich bin die reife Frucht, die aufplatzt und nicht
wusste, dass sie reif war. Prall. Knall. Loch.
Getropfe: Saft und Sauerei! Rinnt übers Kinn,
macht Flecken am Hemd! Beiß rein
in die Feige, füttere Erdbeeren, pflücke,
zerpflücke Granatapfel. Ich habe
613 Kerne und kein Gesetz. Setze
nur dir hinterher. Fühle mich flatterig, fahre
die Fühler aus, laufe auf Los, laufe aus.
Wie bei allen Gedichten mit Lust, haut
die Haut rein, ballert, ballt sich
mit Schwellkörpern zusammen, dehnt
sich zur Zone. Geozone, Zeitzone, was noch?
Auch Meeresfrüchte verlangen
in so einem Gedicht ihren feuchten
Platz, so ein Gedicht muss Austern
benennen, Perlen offenbaren, salzigen
Sud und die anregenden
Eigenschaften von Eiweiß

.

.

.

oh Limbus, oh Saumtraum, dieses Gedicht bleibt
den Umständen geschuldet Fragment, säuselt nur, seufzt,
träufelt, verläuft sich, besäuft sich usw.

## Über die Evidenz

mit der U7 nicht in deine Richtung zu fahren
und *peau* und *chagrin* zu denken,
ist eine Evidenz.
Eine Straße, die wir zusammen nahmen, ohne dich
entlang zu gehen im Regen, ist eine Evidenz.
Ins Kino zu gehen, in dem wir uns trafen, ohne
ins Kino zu gehen, und *Conversa*
*Acabada* zu sehen, ist eine Evidenz.
Welches Verb wird vom Wort Evidenz regiert?
Ich sehe ein? Ich beuge mich?
Wann hat sich das *du*, das tatsächlich dich meint, ins Gedicht geschlichen?
Und was heißt Evidenz?
Dieses Gedicht dient nicht der Wahrheitsfindung
Dieses Gedicht ist phantastisch
Dieses Gedicht ist pathetisch
Es ist nichts passiert
*Donc .................. raconte*

## ceci est un poème hors texte

poème-cortex
en goretex
corps-texte
cœur-texte
or, texte qui n’est rien
que contexte
voire prétexte qui n’a donc
pas de préface
ni d’en face
un poème qui tombe pile
sans fil conducteur
séducteur qui se défait
se contrefait
poème
aimant
qui ne colle pas
qui n’est que peau
qui n’est que m
que m

## das ist ein off-text-gedicht

*Gedicht Kortex*
*in goretex*
*Körper-Text*
*Herz-Text*
*Gold, Text ist nichts*
*dieser Kontext*
*sogar vorgetäuscht*
*das hat so*
*kein Vorwort*
*noch vorne*
*ein Gedicht um*
*drahtloser Treiber*
*Verführer, der sich befreien wird*
*Fälschung*
*Gedicht*
*Magnet*
*wer haftet nicht*
*wer ist nur haut*
*das ist nur m*
*dass m*

## au fond de moi

I am fond of you
je fonds pour toi
m'effondre pour toi
tu m'troubles, und ja
du trubelst mich, ich trudle
troubadiere, you
cause me trouble
quand tu me causes
wär so gern cosy
wär gar koselig
wär selig sudelig, bin indes
unblessed, blessée
ich bafouilliere
bredouilliere,
baragouiniere, bin
bar blass, bass
babel

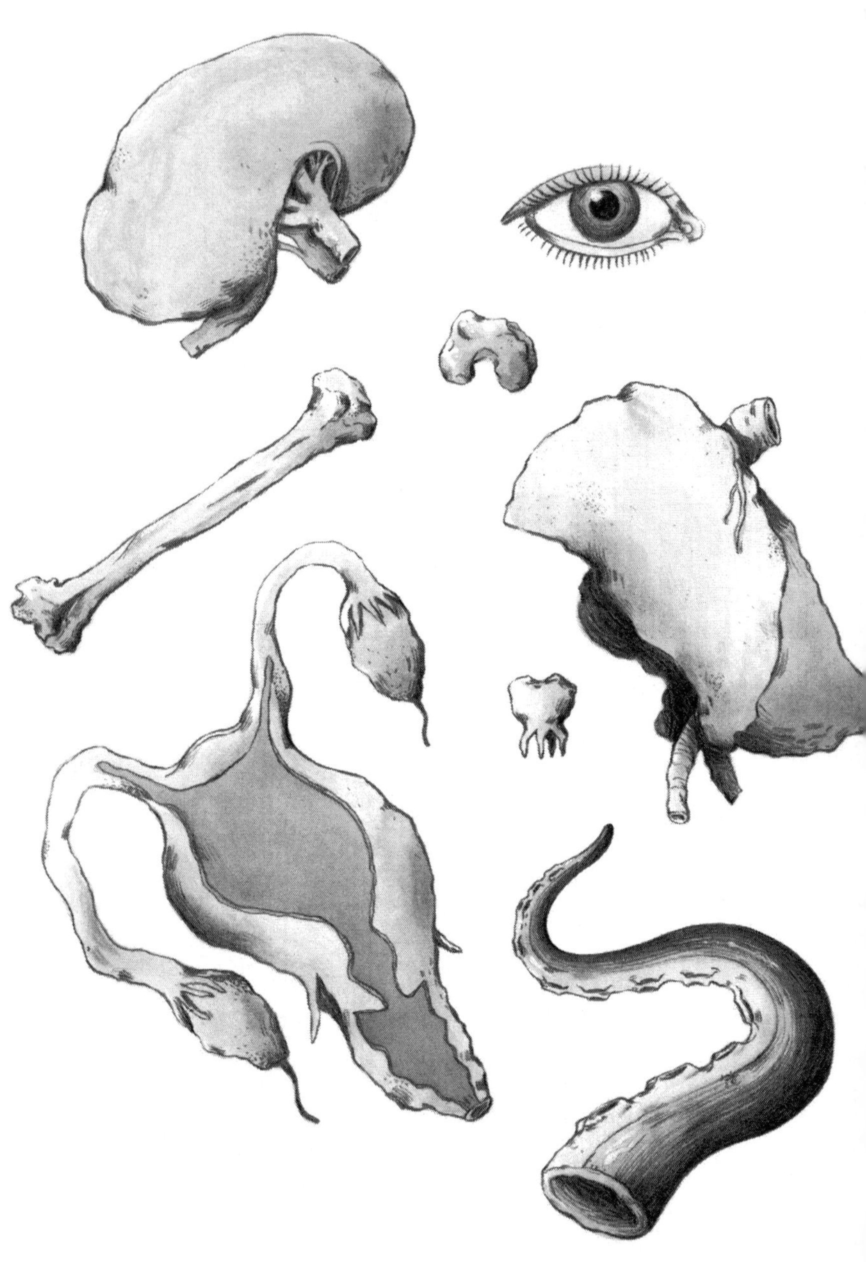

## Korpo Korpo Korpo

*esse objeto mais vago do que nuvem*
*e mais indefeso, corpo! Corpo, corpo, corpo*
Carlos Drummond de Andrade

morgens beim Wachwerden taste
ich mich ab, stelle fest: alles
an seinem Platz, alles an einem
Stück, nichts fehlt, ich rege mich,
steh auf, bewege mich, geht ja!
Putze die Zähne, kämme mich,
kleide mich, schau in den Spiegel,
sieht sogar ganz hübsch aus!
Nun bin ich bereit: Tisch, Stuhl,
Butter, Brot, alles wartet, dein Bild
hängt ruhig hinter meinen
Augen, wo ich es gestern verstaute.
Der Tag nimmt Anlauf, wird Ablauf.
Das könnte heut was werden! Doch dann
verrutscht etwas, neigt sich, reißt ein,
etwas schabt Haut in Streifen, schneidet
ins Fleisch, schmerzt hinterm Jochbein,
unterm Schulterblatt, Schlüsselbein, Lende,
Schenkel, Sehnen, Leber, Zähne, Herz, jemand
bedient sich, wirft im Laufe des Tages
rücksichtslos mit dem Zeug
durch die Gegend. Der Abend dann
findet mich jedes Mal in diesem
erbärmlichen Zustand, meine 206

Knochen, 29 Organe, 1,5 $m^2$ Haut verstreut
über die Dielen und ich mittendrin
konzentriere mich: Was gehört wohin?
Ich kann mich nicht erinnern, nur dein
Bild hängt immer noch da,
weiß der Teufel woran, ich sage, hier,
setz du mich zusammen, mach
was du willst, mach nur, dass es
weniger weh tut. Dann
schlafe ich ein, erwache
am anderen Morgen, taste
mich ab, stelle fest, alles da, alles
am Stück, stelle fest –

## retracer la ligne

und als du sagtest, *wie in diesem Gedicht, das du*
*übersetzt, stand ich einmal nachts am Grand*
*Canyon, die Schönheit fand nur im Kopf statt,*
da wurde mir klar, wie groß die Zeitspanne ist,
in der ich nichts wusste von dir, deinem Leben
in anderen Ländern, mit anderen Menschen,
ich weiß nicht, wie du vom einem zum anderen
Ort gelangt bist, und warum, woher diese kleine
Narbe am Knie kommt, die ich mir ausdenke, oder
der Kaffeefleck auf Seite 34 im Buch, das du
mir ausgeliehen hast. Deine (und meine)
Vergangenheit sind Grand Canyons im Dunkeln,
es bleiben nicht Tage genug, um alles zu sehen
bei Licht. Ich wäre gerne Voyeurin in einem
Schwarz-Weiß-Film, in dem zwei Gestalten,
die verblüffende Ähnlichkeit haben mit uns, vor mir
im Regen gehen, sie rücken zusammen unter dem
Schirm, gleich berühren sie sich, die Szene
berühmt, doch sie verschwinden im Hauseingang,
ich war nur Statistin, der Film ein anderer.
Zeit ist eine grammatikalische Hilfskonstruktion,
und ja, ich hätte dich gerne vor zwanzig Jahren
gekannt und alles hätte noch vor uns gelegen.
Dein Leben, mein Leben, weniger Vergangenheit.
Die Welten weniger bevölkert. Ich weiß, es ist wie
mit den Büchern. Es bleibt keine Zeit mehr für alle.
Ich weiß es, und dennoch spannt der Gedanke
an den Nähten zwischen Körper und Zeit,

und es wäre auch so, wenn wir uns ineinander
versenkt hätten, was wir nicht haben, weil du
es nicht wolltest, vermutlich nie wolltest,
ich konnte dich nicht entziffern, also fiel mir
die Welt aus der Hand. Nun stehe ich da
mit deiner Schönheit im Kopf, mit meinen
Drei-Groschen-Metaphern, dabei weiß jeder,
alle Liebesbriefe sind lächerlich, sonst wären sie
keine Liebesbriefe. Kurz vor dem Ende noch
dieses Wort, das ich immer vermieden habe,
und in das ohne Probleme ein Canyon passte,
wäre er einfach ein Ding. Ding, genau, ich hätte
dir gleich diesen puckernden Muskel über den
Kneipentisch schieben sollen, in Zeitungspapier
gewickelt und eine alte Kordel drumrum, hier,
hätte ich gesagt, nimm das für später, oder für früher,
und nimm auch den Rest, der sich ganz real
Körper nennt. Stattdessen die Angst
vor den Wörtern, die man auf der drittletzten
Silbe betont. Den Weg noch einmal gehen,
den man im Winter gegangen ist, die Abzweigung
entdecken, die man vielleicht übersah, weil man die
Sprache noch hatte. *Retracer la ligne, cette fois-ci,
je ne tremblerai pas*. Dieses Zitat ist erfunden,
es ist Frühling, der Abend noch hell, was mich
wie jedes Jahr überrascht. Von den Nachbarn
weht Grillanzünder herüber, es gibt keine
Abzweigung, ich zittere, als sei immer noch Winter

## none is safe

das sind diese Tage in denen das Licht mit großer
Geste über die Dielen schlittert in meinem Zimmer
in dem du nicht bist diese Tage an denen du dich
zurückziehst ans andere Ende der Stadt dort dein
windiges Zelt aufstellst das bereit ist zum Abflug
bereit ist wie all deine Zelte die du sicherheitshalber
nicht sicherst sie treiben dort oben im Himmel
wie diese Möwen die neulich um den Fernsehturm
segelten so riesig ich hielt sie für Greifvögel Gleit-
flieger oder fliegende Teppiche auf so einem
Teppich saß ich einmal im Traum schaute hinab
war die Welt ohne oben und unten das nennt man
glaube ich Glück ich wünsch dir diesen Moment
in deinem treibenden Zelt wünschte ich müsste
dieses Gedicht nicht weiter und weiter schreiben
wenn es endet wird es kein weiteres geben weil
du dich umgedreht hast zum Abschied deine Hand
erhoben zum Gruß und ich las Bedauern in deinen
Augen deinen Augen die ich mir zur Erinnerung
in die Tasche steckte *Bin von Natur aus dem Abschied-*
*nehmen abgeneigt aus Angst vor dem Tod, dem Tod*
*der anderen glaube ich* all die anderen Male bist du
einfach verschwunden deshalb wusste ich ich sehe
dich wieder jetzt sehe ich ein dass die Zeit mich
umzingelt dass sie zieht an der Schlinge was du
längst weißt und mir immer wieder erklärt hast
nur ich wollte nicht hören deine Stimme ein
winziges Tonband im Ohr ich spule es ab in

Schleife schreibe weiter an diesem Gedicht
will nicht dass es endet dass es endet *wenn*
*wir morgen noch leben* wenn wir morgen

## Gedanken über Pronomen in Gedichten in 10.133 Metern Höhe

blitzte die Sonne nicht auf an dem Zug
10.133 Meter unter mir, wäre er nur
ein weiterer Strich auf der Erdoberfläche.
Ich stelle mir vor, du sitzt in dem Zug, blickst
in den Himmel, blinzelst und nimmst
das Flugzeug wahr, in dem ich sitze, nur
dass es dir nicht in den Sinn kommt, ich könnte
in dem Flugzeug sitzen und mir vorstellen, dass du
Richtung Norden fährst, während ich
Richtung Süden fliege und nachdenke
über die Koinzidenz zwischen
Augenblick und Lichteinfallswinkel.
Viel wahrscheinlicher ist es, du sitzt nicht
in dem Zug, viel zuträglicher wäre es
dem lyrischen Ich in 10.133 Metern Höhe,
es schickte den Zug ohne dich
durch die Landschaft, würfe das Du
aus dem Gedicht, das schon durch so viele
Ichs belastet ist. Du säßest, auch wenn ich den Zug
ohne dich losschickte, nicht an dem Fluss,
der sich dort unten schlängelt, läsest keine
Abhandlung über Dialektik. Alles wäre von da an
eine Frage der Geometrie, sich kreuzende Linien
und dazwischen unkalkulierbare Mengen Luft.
Und das Gedicht wäre viel kürzer, erwärmte sich
für Axiome, verwendete keine umgelauteten
Konjunktive mit „ä“. Das Gedicht

gäbe es nicht. Der Zug zerschneidet
das Patchwork, das eine große Hand
jährlich neu anordnet zu Formen, ein Hummer,
ein Pferdekopf. Säßest du dort unten, du sähest
uns behäbig den Himmel durchmessen.
Aber du sitzt nicht dort unten. Das alles
ist gelogen. Ich habe keinen Zug gesehen.
Bin nicht einmal geflogen. Alles dient als
Vorwand, um über dich zu schreiben. Das Du
weiß um seine Stellung. Es ist leichter,
quer durch Europa zu fliegen, als dieses eine
Pronomen aus dem Gedicht zu verbannen

**Arte Xávega und andere erhaltenswerte Formen der Kommunikation:** Versuch, dir auch aus dieser Hafenstadt keinen Liebesbrief zu schreiben, nicht einmal in Gedanken, als sei es irgendeine Stadt, als seist du irgendwer, und die Traurigkeit, die mich zwischen den Türen zweier Kneipen anfällt, weil kein Glas zur Hand ist oder der Fluss wie ein Versprechen an einer Ecke auftaucht, nicht meine. Ans Marmor der Metro gelehnt, werde ich Marmor, beim Anblick der Kolonnen am Ufer, Kolonne, und wenn eine Fähre anlegt am Kai, Kai, oder Schiff, und du wärst, wäre dies ein Liebesbrief, Schiff, oder Kai. Wäre dies ein Liebesbrief, würde ich über die zappelnde Masse Makrelen auf der Plastikfolie am Strand schreiben, von der Arbeit der Fischer, die gemeinsam das zig meterlange, pralle Netz aus dem Meer ziehen und die Fische mit sachlichen Gesten in Wannen anordnen; über den Scherenschleifer mit seinem vollgepackten Fahrrad und seiner Okarina, vielleicht derselbe wie vor dreißig Jahren in einem Vorort der Stadt, es war Winter, zwischen die Hochhäuser ein sehr blauer Himmel gespannt und dieser sphärische Klang; über den alten Mann mit dem winzigen, von einem Gurt zusammengehaltenen, sehr alten Koffer am Flughafen, der mich berührte, wie mich alte Menschen manchmal berühren in ihrem zerbrechlichen Stolz, ich bot ihm meinen noch gültigen Metropass an, er antwortete auf Deutsch mit einem jiddischen Einschlag, aber das kann ich mir eingebildet haben, so wie ich mir eingebildet habe,

er wäre ein letztes Mal zurückgekehrt an den Ort seines Exils.
Der alte Mann, der Scherenschleifer, die Fischer,
waren sie der Zeit trotzende Boten, die mir
etwas mitteilen wollten? Doch dies ist kein Liebesbrief,
deshalb ist auch dieses Gedicht in Wirklichkeit
kürzer, deshalb behalte ich meine Frage für mich,
vor allem die eine, für die ich noch nach der richtigen
Übersetzung suche, doch mir fällt keine passende
Sprache ein, die ich ausreichend beherrsche,
oder die mich Barbarin ausreichend beherrscht.
Ich könnte den Dichter zitieren, den keiner
entziffern kann und der in diesem Gedicht nicht
fehlen darf, ich könnte als Heteronym schreiben
oder etwas Kluges über die Liebe anmerken, die sich
in der Zeit irrt, übers darüber Irrewerden, ich könnte
in Kursivbuchstaben lächeln, oder behaupten,
dass ich hier bin, um auf niemanden zu warten.
Im Strom der Pendler bei der Anlegestelle der Fähren
bewege ich mich in Zeitlupe, oder rückwärts,
und wenn du irgendwann in dieser Stadt
auf mich triffst, wirst du denken, und nur
weil ich es dir in den Kopf lege, aus der Zeit
gefallen, wirst dich fragen, und nur weil
ich es dir in den Kopf lege, ob ich eine Botin bin,
die dir etwas mitzuteilen hat, aber
meine Botschaft wird schon, sagen wir,
127 Jahre alt sein, oder älter

**die Stadt spielt ihre Trümpfe aus**, als müsste sie
mich überzeugen. Setzt auf Caféterrassen, Jacarandas,
das Türkis des Flusses. Als hätte sie das nötig. Als sei ich
irgendwer. Als gäbe es die Fakten nicht: Die Stadt ist meine
große Liebe, und dich hab ich verpasst. Am Nebentisch
die Frauen sind am Strand verabredet. Die Hitze steigt.
Es ist vergeblich, Pronomen aus meinen Gedichten
an dich verbannen zu wollen. Kann sein, ich schließe mich
den Frauen an, erst Stunden später werden sie sich fragen,
wer ich bin und wann ich zu ihnen gestoßen bin.
Ich weiß es nicht, das ist der Preis. Ich wünschte,
natürlich, du wärst hier mit mir auf der Terrasse,
du würdest mich mit deinen Blicken abtasten,
wenn du mich schon nicht anfasst, mich umrunden,
erkunden, in mich eindringen, natürlich tief, und ich
würde mich hingeben in der Hitze, meine Augen in
deine geheftet. Wie in schlechten Filmen, aber
schlechte Filme haben ein Happy End. Dieser Film
endet mit einem Flugticket, das mich zurückverfrachtet
in die andere Stadt, in der du mir ferner bist als hier.
Auch mit den Abständen ist es verzwickt. Nähe, Ferne,
da kann man schon mal durcheinanderkommen. Kann sein,
ich erkenne die Stadt, in der du mir fern bist, bei meiner
Rückkehr nicht mehr, kann sein, ich blättere
in ihr wie in einem Katalog mit unzusammenhängenden
Bildern, er fällt auseinander wie unsere Geschichte,
ich suche nach einer bündelnden Überschrift, die mich
rettet, doch da ist zu viel Text unter dem Text, zu viel
Haut unter der Haut, die nicht aufhört, abzublättern.
Mich gibt es nicht, dich gibt es nicht, nicht

die Terrasse, die Jacarandas, die Frauen, nicht
den Fluss, das Signal der Schiffe, die ablegen.
Das alles war ein Irrtum. Eine Luftspiegelung.
Ein Märchen. Drei Äpfel sollen vom Himmel fallen.
Und ich wäre die, die versteht

## kein bisschen trauriges Gedicht

Mit dieser Traurigkeit im Bauch lege ich mich hin
Mit dieser Traurigkeit im Bauch schlafe ich
Mit dieser Traurigkeit im Bauch träume ich
Mit dieser Traurigkeit im Bauch erwache ich
Mit dieser Traurigkeit im Bauch koche ich Kaffee
Mit dieser Traurigkeit im Bauch schmiere ich Butter und Honig aufs Brot
Mit dieser Traurigkeit im Bauch stelle ich mir vor du wärst Brot
Mit dieser Traurigkeit im Bauch wasche ich mich
Mit dieser Traurigkeit im Bauch kämme ich mich
Mit dieser Traurigkeit im Bauch ziehe ich mich an
Mit dieser Traurigkeit im Bauch wünsche ich mir du wärst Stoff
Mit dieser Traurigkeit im Bauch schalte ich den Computer ein
Mit dieser Traurigkeit im Bauch lese ich meine Mails
Mit dieser Traurigkeit im Bauch lese ich keine von dir
Mit dieser Traurigkeit im Bauch mache ich mich ans Übersetzen
Mit dieser Traurigkeit im Bauch fluche ich über den Text
Mit dieser Traurigkeit im Bauch esse ich zu Mittag
Mit dieser Traurigkeit im Bauch gehe ich Kaffee Butter Honig Brot kaufen
Mit dieser Traurigkeit im Bauch gehe ich in die Bibliothek
Mit dieser Traurigkeit im Bauch mache ich mich wieder ans Übersetzen
Mit dieser Traurigkeit im Bauch esse ich ein Stück Halva
Mit dieser Traurigkeit im Bauch fluche ich über den Text
Mit dieser Traurigkeit im Bauch höre ich eine Sendung über Derrida
Mit dieser Traurigkeit im Bauch denke ich du bist *hors texte* also gibt es dich nicht

Mit dieser Traurigkeit im Bauch gehe ich um den Block
Mit dieser Traurigkeit im Bauch trinke ich ein Feierabendbier
Mit dieser Traurigkeit im Bauch koche ich Abendessen
Mit dieser Traurigkeit im Bauch esse ich zu Abend
Mit dieser Traurigkeit im Bauch lese ich dass über etwas sprechen bedeutet es zu verlieren
Mit dieser Traurigkeit im Bauch schreibe ich dieses Gedicht
Mit dieser Traurigkeit im Bauch schlafe ich ein

## Tentakel und Wein

ich weiß nicht, ob es angemessen ist, in einem Zug
Tintenfischbeine zu Wein zu verspeisen. Um mich herum
Männer in hellblauen Hemden, in Bildschirme vertieft.
19 Uhr 30, sie wirken besorgt, verfassen sie
Konzepte, ordnen sie die Zahlen vom Tag, tippen sie
Liebesbriefe? Ich bin mir über den Unterschied
gerade nicht sicher. Und was bedeutet angemessen?
Mein Sitznachbar schaut verstört auf die Tintenfischbeine,
aber das ist vielleicht Projektion. Vielleicht
hat er sich gefragt, ob ich ein Konzept verfasse,
die Zahlen vom Tag ordne oder einen Liebesbrief tippe,
jetzt tippt er auf Liebesbrief und liegt nicht falsch.
Es ist schwer, die Worte, die ich dir schreibe, von der Lust
zu trennen, auch wenn sie Dinge bezeichnen,
die eine Kontur aufweisen: Tintenfischbein, Wein,
Computer, Sitznachbar. Aber ist hier überhaupt
von Dingen die Rede, reden wir nicht vom Abstand
zwischen den Dingen, für den Sprache
nicht taugt? Dieses Fließen der Wörter
zwischen uns hält mich wach, und dass mein
Gegenüber übers Smartphone wischt, fällt nicht
ins Gewicht. Das Klacken der Tasten
gaukelt mir vor, es könnte immer so weitergehen,
du und ich und der Text, der auf dem Bildschirm
Ertastbarkeit erkennen lässt, ein Relief, das realer ist
als du, als ich, als meine Lust, die sich womöglich
an genüsslich verspeisten Tintenfischbeinen
ablesen lässt, oder an der Art, das Weinglas an die

Lippen zu führen. Vielleicht meinte ich mit angemessen
anständig. Redlich, rechtschaffen, diese Konzepte
machen mir Angst, und was unterscheidet
deinen Körper von dem anderer Männer?
Genauso könnte ich fragen: Was unterscheidet
den Bleistift vor mir von anderen Bleistiften,
das abgeerntete Feld da draußen
von anderen abgeernteten Feldern? Es gibt
keinen Unterschied, rede ich mir ein, rede mir ein,
dass ich diese Tintenfischbeine nur aß, um ein Sujet
fürs Gedicht zu haben. 19 Uhr 55, es dämmert.
Kassel Wilhelmshöhe. Vor Jahren
schrieb ich ein unglückliches Liebesgedicht
mit diesem Titel. Man könnte meinen,
es verändert sich nichts. Nichts verändert sich.
Mein Gegenüber setzt Kopfhörer auf. Ich kann nicht hören,
was sich darin abspielt. Weiß aber, dass dies wieder
ein Gedicht ist, das ich nicht zu Ende bringen will.
Ist ein Gedicht jemals zu Ende?
Wird die Ununterscheidbarkeit der Worte an dich
von der Lust enden? Ja, danke, geht mir besser,
aber muss ich wollen, dass die Ununterscheidbarkeit endet?

**und kannst du auch was mit pornographie?**

dass ich auf antwort warte von dir viertelstündlich mein mailkonto öffne viertelstündlich keine ungelesene nachricht von dir darauf wartet von mir gelesen zu werden dass ich vom schreibtisch aufstehe in die küche gehe ins bad und zurück durch die küche an den schreibtisch dass noch immer keine ungelesene nachricht von dir darauf wartet von mir gelesen zu werden dass deine abwesenheit noch wächst nach 51 tagen 1.224 stunden 73.440 minuten die mich von dir als körper in echtzeit trennen ich könnte das spiel mit den zahlen noch weitertreiben bis in die (264.384.000) tertien aber das ist eine veraltete maßeinheit und trägt zum begreifen nichts bei (*und wie ist das jetzt, kannst du nun was mit pornographie?*) dass ich mir auf der kundgebung vor einigen tagen vorstellte du wärst in der menge ein unbekannter der mir auffiele weil er herausfiele ich würde ihn beobachten ihn mit den augen anmachen anfassen abtasten mich fragen ob er liiert ist ob sex infrage kommt wie er es mit sich selbst treibt ich sah dich so deutlich deine gestik mimik, dass ich dachte wenn du wirklichkeit bist gibt es mich nicht und immer noch keine nachricht von dir dass ich nicht anders kann als die augen zu schließen dahinter deine gestik mimik die stelle wo der hals in die brust übergeht wo haut unterm hemd verschwindet dass ich nicht wusste dass ein ausschnitt bei männern erregend sein kann ich wäre der haut gerne gefolgt mit der hand dem mund der zunge (*kommt jetzt endlich die pornographie?*) folge ihr im kopf weil dein fehlen so groß wird dass ich mich auflösen auslösen auslöschen möchte brust rücken bauch lende hintern meine erregung geht über in deine in meiner hand dein

schwanz     das wort brutal wie es da steht vulgär abfällig
(*stell dich nicht an, du wolltest doch pornographie*)
aber mir fällt kein anderes ein außer anatomie oder dümmliches das
mir nicht über die lippen in den mund in die möse kommt
aber vielleicht bin ich einfach nur zu lang *out*     auf fran-
zösisch wäre es leichter *bite pine verge*     wie kann man
man in einer sprache sex haben die keine drei brauchbaren wörter
für sexualorgane kennt     es bleibt wie ein stoff zwischen
dem wort und dem ding oder ein bildschirm auf dem ich dieses
gedicht schreibe     dass also meine möse anschwillt feucht
wird überläuft     dass ich mich aufs bett lege     mit
dir hinter den lidern masturbiere     bis ich mit dir im kopf
mit mir auf dem bett komme     dass ich weiter verzweifelt bin
aber vorübergehend befriedigt     dass ich mein mailkon-
to öffne und eine ungelesene nachricht von dir darauf wartet von
mir gelesen zu werden     dass deine finger über die tas-
ten huschten während meine klitoris befingerten     dass du
mir deshalb nicht weniger fehlst     dass aber text und sex
tastatur und tasten     bekommen und kommen     gra-
phie und pornographie durch zufall und zeit überlappten
übereinanderlagen     sich an dieser stelle durchdringen
zu einem sextext mit subtext

.......................................................................................

nein, sieht man doch, ich kann das nicht mit der pornographie

## trauriges Tryptichon

deine Hände nicht an mir
deine Hände nicht an mir
deine Hände nicht an mir
deine Hände nicht an mir
deine Hände nicht an mir
deine Hände nicht an mir
deine Hände nicht an mir
deine Hände nicht an mir
deine Hände nicht an mir
deine Hände nicht an mir

## trotziges Tryptichon

dann küsse ich dich mit den Augen
dann anfasse ich dich mit den Augen
dann abtaste ich dich mit den Augen
dann ausziehe ich dich mit den Augen
dann streichle ich dich mit den Augen
dann lecke ich dich mit den Augen
dann sachte ich dich mit den Augen
dann beiße ich dich mit den Augen
dann reiße ich dich mit den Augen
dann nehme ich dich mit den Augen

## presque rien

Was ich von dir verlor, das hab ich nie
Gehabt. Ich zähle auf, erzähl mir was
Begehe Inventar: Die Beinahe-

Nichts und Weiß-nicht-was
Die ich verstreichen ließ, die für sich selbst
Verlust sind, die zähl ich nicht. Nicht

Die Gelegenheiten, die ich nie ergriff, weil sie
Sich nicht ergaben. Und all die Orte
Die ich gern bereist hätte mit dir

Die Länder, Städte, und die Orte nah
Der Haut, genau! Sehen nur aus
Wie ein Desaster, sie waren

Ausgedacht, ich übe jeden Tag
Sie zu vergessen, ihre Namen, ihren Klang.
Und wie mein Name klingt, wenn du

Ihn aussprichst, ist mir auch entfallen.
Kann man verlieren, was man nicht mehr weiß?
Was einem nie gehört hat?

Beherrschte gerne diese Kunst. Doch du
Gehörst vermutlich zu den Menschen
Die gemeinsam mit den Dingen lieber
Verloren gehen, noch ehe man sie findet

## die Dichterin nimmt Rache an drei Gottheiten und der Stadt

hier hocke ich vor dem
Altar meiner Passion, entfache
Scheiter, Pfeiler, Fahrradreifen,
und was sonst noch brennbar ist
in der Stadt. Verfluche
den Gott der Vergeblichkeit.
Erhebe die Faust, fauche, fackle
nicht lange, ich fackle die Stadt ab,
mein Leben, meine Liebe
zu Dir. Wie kann etwas so Mächtiges
umsonst sein? Ich werde alle
vergeblich Liebenden
rächen. Mich an der Rache
berauschen. Blut, Blattern, Beulenpest
sind nicht zu schade für den Gott
des verpassten Augenblicks. Der Linien
einander nähert in einem hübschen
Winkel, dann launisch entscheidet:
Ach, doch lieber Parallelen. Ich hasse
die euklidische Geometrie. Ich hasse
den Gott der Parallelen
mit seinem Unendlichkeitswahn.
Erster Rauch, Funken, Zungen.
Auf meiner Anhöhe richte ich mich auf,
strecke die Arme empor, triumphiere:
die Stadt steht in Flammen

# այբուբեն

ein Alphabet entziffern, wie
einen Menschen, den man nicht
zu lesen vermochte. Als könnte man
das Scheitern scheitern lassen
oder verstehen, wenigstens das.
Reines Entstehen, das Alphabet weiß
um seine Möglichkeiten, verlockt, lockert
die Zunge: Worte nehmen Form an, oder
auferstehen im Mund. Als gäbe es
eine Ordnung, ein Gesetz, ein unumgängliches
Ziel. Etwas wie Vertrautheit. Das Alphabet
lässt sich betreten. Palatale Plosive, labiales
Lallen, das Alphabet geht
aufs Ganze, Gold
wird zum Tag und das Wort
bare Münze.
Das Alphabet betasten
Das Alphabet in kleinen Happen verspeisen
Das Alphabet mit Zähnen in Stücke reißen
Das Alphabet verschlingen
………………… verschlingen
*Na, na, keine*
*Nostalgie, die Pronomen*
*sind futsch.* Zitate führen
nirgendwohin, sind reine
Substanz. Das Alphabet aber
gibt Laut, raunt, barmt, zetert
stöhnt, rutscht im Mund herum, schlüpft

unter die Zunge, das Alphabet
braucht Raum, breitet sich aus
auf der Haut, reibt
bleibt

Inhalt